En el jardín
de tus versos
Horacio Saavedra

—¿De dónde vienes?
—Del jardín de tu pasado.

Dedicatorias

A ella

Mi musa sempiterna
de mis penas el alivio,
mi sostén en los problemas
en mis horas de locura,
de dolencia... de fiebre...
en momentos de ilusión...
en mis ruinas...

                en la muerte...

A ella, mi alma bien querida,
de mi vida, compañera:
es quien las heridas sana
de mi esencia confundida.

A ella, por su aroma suave,
intangible diosa o dríade
quien alegra mi arboleda...

A ella, sólo a ella.

A ellos

A Ella, luna fecunda;
a Él, el sol de su albor...
a Ella, su preciada flor;
a Él porque la circunda.

Cariño en ambos abunda,
pasión envuelta en pudor.
Su unión exhala el olor
del amor que los inunda.

Son sombras enamoradas
que se beben sin medida;
se enlazan entretejidas
sorbo a sorbo sus miradas.

A ellos, por su aura dorada,
por dirigirme en la vida
y confortar las heridas
de mi esencia recobrada.

Acrósticos

Bella cual luna

Bella eres como ninguna,
Eclipse en la madrugada.
Llévame ya a la laguna,
Laguna por ti bañada...
Alma y luz tienes de luna.

Cuando claree entre tus brazos,
Ufana me dejarás;
Anochecerá en ocasos:
Lluvia de estrellas caerá...

Languidecida en la cama,
Uniremos las esencias:
Noche abrazada a mi alma,
Alegrarás mi existencia.

Dios sagrado,
Dios divino

Divino e imprescindible,
Imponente eres, mi Dios,
Omnipotente... invisible...
Soy fiel a ti con fervor.

Sálvanos, Padre Nuestro,
Arráncanos del infierno:
Guíanos por el sendero
Recto y plagado de amor...
Amor que cosecharemos
Doquiera que caminemos:
Orgullo habrá en tu corazón.

Dios del Cielo y de la Tierra,
Ilumina mi camino;
Oro y pido, Dios querido,
Siendo yo un hombre cualquiera.

Dios, creaste todo el mundo;
Ideaste perfección.
Voz eres de lo profundo;
Inequívoca creación.
No hay nada más nauseabundo:
Odio, dolor y traición...

Madre

Fértil fue tu vientre amado,
Entregado con amor,
Luz trajo a tu corazón,
Iluminóte en dorado...
Cuando supiste tu estado,
Inundada de ilusión,
Diste gracias al Señor:
Acogiste entre tus brazos
Dos hijos que Él te mandó...
Estoica los has cuidado,
Salvándolos del dolor.

¡Madre, danos tu calor,
Aquí tienes ya tu obra!
Mujer con olor a flor,
Álamo de fresca sombra.

Padre

Fraternidad propicias
Entre tus seres amados;
Luz eres en su vida, vigía:
Intuyes sus andanzas, sus pasos...
Cuidas que no caigan, sin verlos,
Invocas regocijo a su lado.
Das buen soporte a hijos y hermanos,
A quienes acogiste en tus brazos...
Dos hijos y una esposa Dios te ha dado:
Es todo cuanto antaño habías deseado...
Seguiré tu camino, despacio...

Plantaste en fértil terreno,
Ahí cosechas ya tus mijos;
Padre, amigo y consejero,
Ángel, cuidas de tus hijos.

Musa

Musa eres de mi poesía,
Albor de mi inspiración,
Rosa de sabiduría,
Índigo fue el corazón,
Aquél donde florecías.

Cultivamos bella flor,
Regalo que hoy conservamos,
Inició hace muchos años
Sutilmente entre los dos.
Tanto tiempo ya pasó...
Inundado de ilusión,
Nunca conocerá Dios
Amigos tan enlazados.

Demos gracias al Señor:
Esta unión correspondamos...

Leonina es tu alma valiente;
Esfinge, tu ser alado:
Óbices de un tiempo ausente
No ensombrecerán nuestro hado.

Tatuaje

Tiempos buenos compartimos
Antes que te fueras, vida.
Te amaba tanto, querida...
Un ayer juntos vivimos...
Aunque pegaste la huida,
Jardín fuiste sin salida.
Entonces el final vimos.

Guardo un recuerdo divino,
Recuerdo del alma misma.
Amor fuiste en mi destino,
Beldad de oleada y marisma,
Alborada en mi camino...
Dolor será mi aporisma.
Odio se graba en mi sino

A fuego por tu partida.

Falló el amor por descuido.
Urge esta herida rebaje.
Esencia de lo vivido,
Grabado llevo un tatuaje:
¡Olvido no he conseguido!

Agua santa

A la mar

Si consiguiera olvidarte,
tendría la oportunidad
de adorar a otra mujer
y arrojar mi alma a la mar.

La dejara ahí hecha trizas,
enterrada en blanca arena:
vieja, sucia y quebradiza
la encontrara una sirena...

Si una náyade me hallara,
me dejara amar por siempre:
tal vez ella así cambiara
mi pasado... mi presente...

Lo posible diera al cielo
por borrar de mi memoria
cicatrices de esa historia
que me impiden vuelo nuevo.

Si consiguiera olvidarte,
tendría la oportunidad
de adorar a otra mujer
y arrojar mi alma al Amar...

Al otro lado del río

Espera allí ella sentada
con el manto en la cabeza
como siempre acostumbraba.

Aguarda sola, olvidada,
bajo la lluvia de marzo
con la que ayer jugueteara.

Su anhelo es volver a verlo
pues lo amó con toda el alma,
pero se agotó su tiempo...

Se aventuró a nadar sola,
atravesó aquel riachuelo
mecida en funestas olas...

Al otro lado del río,
en la ribera mojada,
reposa muerta de hastío...

Muerta de añorar sentada,
de tanto quererlo tanto,
de tanta espera cansada...

Y a él, ¿realmente le importaba?
nunca sintió amor por ella...
¡Sólo fue pasión de almohada!

Aunque el río él atravesara,
no podría volver a verla:
su destino lo mostraba...

Al perderse él en la nada
su ser el río llevaría
hasta la baja cañada.

Fugazmente entre sus sueños
el reflejo de esa dama
le reavivaría el deseo...

Pero ella, en su tormento,
cansada de estar cansada,
no aguardaría su regreso...

Cataratas

Del valle profundo de tu cuello,
recuerdo cataratas de agua pura:
paradoja que enciende viejo fuego
consumido en el bosque de Tristura.

Con tu pelo sacié el febril deseo
de nadar en tus dulces mieles santas;
en tu arroyo azabache de cabellos,
sacié mi antigua sed con esperanza.

En el agua sedosa que caía
entre inasibles besos que di al viento,
pensaba irremediable mi agonía
por no haberme entregado a ese momento.

Aspiré el fresco aroma de tu pelo
que avivó mi furor y ese deseo
de encender la pasión y alzar el vuelo.

Toqué las finas hebras de tu espalda
que a mi tacto procaz se estremecían,
mostrándome tu alma enamorada.

No sé si fue real o fantasía;
si existen en verdad las cataratas
que brotan en mi numen todavía...

En el estanque

En medio de este jardín
encontrará un bello estanque
donde se bañan las ninfas
y se refrescan las aves.

A orillas de esa laguna,
crecen rosas de carmín
con aromas penetrantes
que enamoran a la luna.

En los oleajes de espuma,
con el vaivén de esperanzas,
llega hasta a mí su fragancia
y su luz entre la bruma.

Veo que tiene entre las manos
acuarelas sobre un río:
sus cuadros revelan algo
relativo a un amorío.

—¿De dónde viene?
—pregunto al ver su reflejo.

—Del jardín de tu pasado...

Vuelven a mí los recuerdos...

Nereidas

Emergen de las aguas de mis sueños,
desnudas, enardecidas de lujuria:
avivan mis instintos y deseos
y trocan mi fervor en cruenta injuria...

Me hacen naufragar entre negruras,
me dirigen por los mares con su canto
hacia un lejano oasis de frescura.

Desciendo de mi barca en una cueva
tendido entre los brazos de una moza
cuya voz cristalina mi alma eleva
hasta el punto inalcanzable donde goza

de aquéllos, los placeres más profundos:
el primero, la unión con las mujeres
seguido por el insaciable gusto.

Odaliscas marinas me deleitan
con sus bailes y nuevos movimientos:
los disfruto sin pensar en la leyenda
¡que todo el que las ve termina muerto!

Ninfas

Alma
de mi alma

Del río de la vida
surgieron dos gotas,
ambas cristalinas
que en agua retozan.

De entre las cenizas
surgió un ave fénix
que nace y renace
de aquella sonrisa.

Sonrisa tan bella,
sonrisa divina,
tiene mi doncella,
mi reina querida.

Del alma de mi alma,
brotó una semilla
de amor y de calma,
de aquélla, mi niña.

El alma de mi alma,
de dos corazones,
mi espíritu salva
con nueva ilusión.

Ambiciosa

Érase un fresco verano...
Bellas olas se batían
y sus aguas discutían
sobre nuestro amor mundano.

Seis meses llevábamos
jugando a desearnos tanto;
no manó dolor o llanto
porque nos amábamos.

Tú llegabas con tu risa
mientras te esperaba ansioso:
eras liviana cual brisa;
por ti yo fui cariñoso.

Pero luego terminó...
Se desenterró en la arena
la verdad con una pena
y el amor se consumió.

Con una intención oscura
pretendías engatusarme:
envolvías en tu frescura
tu deseo de asesinarme.

Mas hay algo que no sabes:
sin querer entre tus cosas
hallé esa carta amorosa,
un libraco y una llave.

Con la llave abrí tu diario
y descifré su contenido:

pretendías abandonarme
según reveló el escrito.

Querías casarte conmigo
para obtener mi dinero;
era así tu consejero
a quien llamabas tu "amigo".

Cuando estuvieras casada
me embelesaras primero:
bebidas envenenadas
harían tu sino certero.

Sorbo a sorbo bebería;
tú verías encantada
cómo desfallecería
sin poder hacer más nada.

Una vez hubiera muerto
y efectuado ya el entierro,
con tu amante partirías
y entre los dos, mi dinero.

Por suerte te descubrí:
ahora el futuro veremos...
habré de vivir sin ti
y tú, sola, en tu encierro...

¡Ay, mujer, pobre mujer,
ambiciosa va a la cárcel
por planear un homicidio;
de mi alma borré el ayer:
a mi lado tengo un ángel
que te ha cubierto de olvido!

Amiga mía

Amiga de noches inconclusas,
decido hoy decirte adiós
y no es que así lo quisiera,
pero lo hago por tu honor.

Te dejo nuestros recuerdos
envueltos en bellas flores,
así quiero los mantengas
aun con el paso del tiempo.

Te dejo un pasado muerto,
olvidado entre dolores,
enterrado en el desierto
de mis vastos sinsabores.

Me llevo lo que me dejas:
una gota de tu amor,
una lágrima de pena
clavada en el corazón.

Perdóname, amiga pía,
sólo me llevo la rosa,
ésa de tu alma preciosa
escondida entre la mía...

Coyolxauhqui

¡Oh, Grata Señora!
Estrella de los dioses,
luz que da vida
a ésta su Tenochtitlan,
adorada sea por todos nosotros.
¡Píntese el rostro con hermosas cascabeles!

¡Oh, Grata Señora,
Venerable diosa nuestra!
Por usted crecieron las semillas
que fertilizaron el vientre de mi hermana
para darle un nuevo hijo.

¡Gracias, Señora Nocturna!
¡Vele por nuestros anhelos,
hágalo por nuestras almas,
bella hija del reflejo en la laguna
que hace fértil esta tierra,
tierra de xóchitl-campanas!

Errabunda

Pindonga de múltiples colores
abundantes al igual que los amores
que has tenido entre fragantes girasoles
cuando olvidas tu pureza y tus candores...

Del hombre la ilusión terminas,
provócasle dolores,
del corazón sinsabores,
y con su oro te persignas.

Mal causas en villanos y pastores,
engatusas a ladrones, pecadores,
que te pagan por meneos provocadores
y apaciguan con tu cuerpo sus fervores.

Errabunda de las cortas polleras,
que tu oficio te extasiara pareciera
pues estás acostumbrada ya a esas fieras
que consientes en tu lecho, aventurera.

¡Ay, mujer, bella, nocturna y hechicera,
ojalá dejaras tus sandalias de ramera!

Escribana dolida

Entre papeles y tintas,
nace ya de gota en gota,
mi paciencia no se agota
aunque el texto me hace fintas:

me narra historias distintas,
una vieja ilusión rota,
un dolor que te derrota,
mas de colores lo pintas.

¿Por qué disimulas tanto?
¡Acaba, pues, de escribirlo!
Antes que te abrume el llanto,
mi deber es corregirlo.

Tu alma recubre ese manto
con simulada alegría:
según plasmas en tu canto
aún le evocas noche y día.

Mas te empeñas en negarlo,
te ciegas a la razón:
otra sí pudo adorarlo
aunque esté en tu corazón.

Hermosa hechicera

La bella mujer en vuelo
me enciende cuando la veo
bailante bajo la luna...
bajo otros astros del cielo...

¿Qué será este sentimiento
que provocan sus meneos,
que me quema desde dentro
con el ritmo del pandero?

Con su fuerte zapateo
y el tronido de sus dedos,
la bailaora de flamenco
llena la plaza del pueblo.

Con las curvas de su cuerpo
y su largo negro pelo
engatusa hasta al más bueno
que envuelto va en el ensueño.

Con sus grandes ojos verdes
que seducen y que pierden,
llevará a alguien a su lecho
para consumir su fuego.

La dama de luto

Sale por las noches
de silencio absoluto,
vestida de negro,
vestida de luto,
guarda en su regazo
un secreto oscuro,
envuelto lo esconde,
cubierto y oculto:
misteriosa eres,
mi dama de luto,
que andas recogiendo
del suelo las hojas
y los secos frutos.
Dime tu secreto
—aquí te lo guardo—,
anda, dime ya,
lo que estás buscando,
que buscas al hombre,
a tu bien amado,
al que has enterrado
a quien tú mataste,
al que tú has matado
para así vengarte
de que te ha engañado,
para retenerlo
por siempre a tu lado...

La señorita

No eres más una chiquilla...
Tu cuerpo y espíritu han cambiado:
tras quince años tu niñez ha terminado.

Te has fortalecido en porcelana:
dejaste ya de ser frágil arcilla;
transmutaste en una hermosa figurilla
que es prudente mantener bien conservada.

Así se preservará
lo que en tu alma has ocultado,
lo que en tu ser has guardado...

No olvides tus recuerdos de arenilla,
los momentos escondidos, preservados
en tu vida y en la mía
que a crecer te han ayudado.

No, no eres más una chiquilla
pues dejaste ya la infancia en el pasado...

Musa huidiza

Mi musa se ha escapado:
su frasco no está fresco,
la tinta se ha esfumado
y está seco el tintero.

La había nombrado "Erato",
de amor fue su poesía;
llevo un recuerdo grato
de su sabiduría.

El tiempo ha muerto lento
desde la despedida:
se me ha ido en un momento
mi inspiración huidiza.

Mi pluma ya no pinta
ni quiere escribir versos:
me faltan esos besos
que nos estremecían.

Mi musa se ha marchado,
se fue a explorar el mundo
pues busca enamorados
¡que escriban más profundo!

Niña mía

En esta oscura mañana,
ella aún dormita en la cama
abrazada al alma de una almohada.

Insomne estoy:
escribo para usted,
mi bella amada...

De versos llega una brisa:
plasmo viento en el papel
para que al amanecer
me regale una sonrisa.

Descanse, niña inocente,
pues aún no inicia el día;
descanse y cuando despierte,
el amor sea nuestro guía.

Pétalos caídos,
secas hojas

Buenaventura

¡Qué afortunados
los novios que se quieren,
los novios que se aman
con todo el corazón!

¡Qué afortunados
los novios que a la luna
declaran su pasión
al son de una canción!

¡Qué afortunados son ellos,
los novios que se besan;
aquéllos que se entregan,
a una misma ilusión!

¡Qué afortunados los novios
que a cada instante juntos,
tomados de las manos,
confirman una unión!

¡Pero más afortunados ellos,
que aman sin razón,
que tienen corazón;
que han muerto ya de amor!

¡Más afortunados ellos
que solitarios andan,
sonriéndole al dolor
y amando al desamor!

Efímero

¡Qué efímera es la vida!
¡Qué efímera es la muerte!
¿Para qué seguir aquí
si ésa será nuestra suerte?
¿De qué sirve ser débil o ser fuerte?
De nada: todos hemos de morir...

La muerte es tan fingida;
la vida es imponente,
mas si no es inteligente
se encuentra con la muerte:
la vida no la enfrenta;
se va por la tangente
y busca una salida,
salida sorprendente:
la vida ya impotente
se encuentra así consigo,
pobre y entristecida...

Un lapso intermitente
vuelve a la vida inerte:
la vida, muy dolida,
acepta allí su suerte...

Ahí va la una flaca
del brazo de la gorda,
ahí van las dos sentadas
cansadas de la horda:
la flaca va tejiendo
mientras la vida borda;
ahí va la ciega muerte
a un lado de la sorda...

Fatalidad

Dicen que cuando mueres
todo se te revela:
cuando mi musa partió
navegó en barco de vela,
mas el río no cruzó
porque su tiempo aún no era.

Somos presa humilde
de la muerte, centinela;
por fortuna siempre
nuevas vidas nos esperan...

La sangre se congela,
el corazón se ataja;
el aire oprime y flagela
a quien se desencaja...

La muerte entre tinieblas
espera al Ser del muerto:
después de esta tragedia
su esencia ella se lleva.

El espíritu va al cielo,
entre las nubes vuela;
quiso ella surcar los cielos,
sin embargo, viva queda...

Volverá a la realidad
aunque la verdad le duela
y mucho tiempo ha de pasar
antes que dejarme pueda...

Inspiración inerte

Se me quedó entre los brazos
después de escuchar mis versos...
Rompió aquellos viejos lazos;
quebró nuestros tiernos besos...

Se me escurrió entre las sombras
de una madrugada negra,
germinó en mi ser tristeza
y en mi espíritu, zozobra.

Mi bella musa hoy extinta,
compañera en mis ayeres,
desfalleció en seca tinta
de mis ávidos papeles.

Esta inspiración inerte
de mi corazón dolido
se ha encontrado con la muerte
y yo sigo su camino...

Los *hombres* también lloran

Cuando en el hombre hay llanto
no hace grandes aspavientos;
entierra su sufrimiento,
oculta quererla tanto.

Cuando se le quema el alma,
lo flagela el sentimiento:
llena "ella" su pensamiento;
pierde él el control, la calma...

Cuando intenta, mas no puede
sus lágrimas esconder,
vierte en un fugaz poema
lo que le dicta su Ser.

El hombre sensible llora
cuando lee el funesto escrito
donde en sus versos implora
a quien lo dejara herido.

"Sí, los hombres también lloran"
en el texto él le confronta:
coge el papel y lo arroja
a través de la ventana...

Cae en la acera mojada,
Ella entra al apartamento:
cubre él entonces su cara
por ocultar su tormento...

Ella dice dos palabras...
Él la abraza, la hace viento,
—Te amo —dice sonrojada:
dél termina el sufrimiento...

Medioevo

Entre palacios y torres,
entre árboles y fuentes,
puedo ver a mi doncella
que me espera en aquel puente,
habla con los pajarillos
con su cántico frecuente;
varios versos ya le he escrito,
aunque no soy elocuente...

Lleva un ramo entre las manos,
es de rosas: son del llano...
Sé que sale del castillo
sin que lo note su hermano;
sé que se ve con un hombre,
al parecer un gitano.
¿Por qué ella no me querrá
si he sido tan buen cristiano?

Todo le he ofrecido y dado
a mi bella prometida:
amor le hube prodigado,
pero no está convencida
de que estoy enamorado,
de ser dueña de mi vida...

Tal pareciera —le he dicho—
que fuera yo su verdugo,
con quien se debe casar
aunque anhele otro futuro...

Laberintos del olvido

Al otro lado de este arroyo de locura,
trato de recordar cómo olvidarte,
cómo borrar del pensamiento
lo que significó tanta hermosura.

Nos bebimos lentamente, agua de río,
nos secamos al caer atardeceres,
fuiste diosa, reina bella en mis sentidos,
arrancaste de mi alma amaneceres...

Nos volamos con el viento, yertas hojas,
amarillas, derrotadas en el piso,
fuimos aves, encantadas mariposas
que se amaron sin cesar en un suspiro.

Mas partiste después de la gran nevada,
suspendido me dejaste de fino hilo,
suplicante en los abismos de la nada...
confinado en laberintos del olvido...

Pétalos caídos,
secas hojas

El viento ya no canta
ni ululan en las ramas
las aves regordetas.

El frío hiela mis pasos,
congela la esperanza,
empaña tu retrato.

Lo tengo entre mis manos:
quiero tirarlo lejos
para olvidarte un rato.

Encuentro a un vagabundo
que compra fotos viejas
para venderlas caro.

Le aviento sin pensarlo
lo único que tenía:
le entrego mi pasado...

Encuentro una taberna
abierta en pleno día:
me arriesgo a varios tragos.

Veo por la ventanilla
una mujer que pasa
vestida de agonía.

Al tiempo que va a casa
se caen las hojas secas,
las flores se marchitan.

Entrego la propina:
de fino vino blanco
termino este otro vaso.

Retírome mareado,
camino por la acera
en busca de un retrato...

No lo hallo entre mis cosas:
recuerdo a un pobre vago
de artesanías rotosas.

Encuentro al errabundo
que vende viejas fotos:
no veo la que le he dado.

Me dice que has venido
con cara de tristeza;
que ya te la ha entregado.

Me dice que eras bella,
exacta a aquella imagen
que allí le había dejado.

Recuerdo así tu rostro
cubierto de amargura
por un "ayer" hoy roto...

Camino por la acera
perdida en el estrago
del paso del otoño.

Los pétalos caídos,
las hojas secas, yertas,
el aire compungido
describen lo que siente
mi corazón dolido
al no poder tenerte
de nuevo aquí conmigo...

Reflejo del mar

Hermosos ojos brillantes
posee la dama que añoro,
sus refulgentes diamantes
son invaluable tesoro.

Decirle quiero, nereida,
presa es de mi corazón:
renovó mis sentimientos,
suyos son mis pensamientos
y si de su querer soy,
enloqueceré de amor...

Destellos de sal marina
un día llegaron a mí:
de cristalina materia
la nereida se volvía.

Oleajes del mar salino,
¿se la han llevado
o nunca vino?
¡Oh, Dios amado!
¡Fue Ella reflejo divino!

Se me secaron los versos

No alcanzó el agua de amor
que ofrecí sin ser amado
para cultivar la flor
que sembrara en mi vergel.

No dio abasto mi locura
para llenarte de versos;
recuperé la cordura
entre obstinados recuerdos.

Sólo quedó el estropicio
del tallo viejo enraizado;
sin tenerte pierdo el juicio
por influjo del amor.

No fue vasta la esperanza
para afianzar nuestra unión,
ni suficiente el dolor
que mi ser purificara.

Se me secaron los versos,
me faltaron tus caricias,
tus ilusiones, tus besos.

Se me secaron los versos,
podridos, endurecidos,
vacíos quedaron por dentro.

Se me secaron los versos
con tu partida, mi vida,
y con el paso del tiempo.

Se me secaron los versos...

Sólo una

En cierta ocasión nocturna
tuviste todo mi amor...
Nos iluminó la luna:
nuestra unión atestiguó.

Luego desapareciste
con el surgir del albor,
así partiste, mi musa,
con un secreto de dos.

Ofreciste sólo una,
una madrugada eterna:
me amaste como ninguna
esa noche de hechiceras.

El lecho, de olor a rosas
se impregnó con tu espejismo,
quizá eso fue tu aforismo,
quizá fue tu esencia hermosa...

Crecen los viejos recuerdos,
se transmutan en orquídeas...
No olvido tus manos níveas
ni borrar tu imagen puedo.

Traición

Estamos enredados en la almohada,
mas no estamos así con nuestras almas...

Mientras me acaricias,
sé que piensas en él,
en sus besos, sus deseos,
sus viles ansias...

Falsamente me extasías:
muerdes y arañas mi espalda
en falsa comunión enamorada...

Tus pensamientos,
aun en la distancia,
recuerdan con nostalgia otra mirada...

No, no me amas;
soy uno de tus caprichos
que te obliga en tus pasiones
a engañarme y flagelarme,
a matar con furor mis ilusiones...

Capricho que te obliga a fingir,
a despertar sonriente
    entre mis brazos,
a despertar sonriente
    entre sus brazos...

Cambio
de estación

Acera

Quiero caminar contigo
por la acera de la vida,
pero me tienes dolido
por no intentarlo, querida.

Sigue la senda que guíe
donde tu espíritu indique,
pero no prestes oído
a lo que tu mente dice.

Es tu mente confundida
la que no te deja amarme,
la que mal causome; heridas
que sé pronto han de sangrarme.

Sin embargo, hay en tu alma
una constante ilusión,
alimento de la flama
que abrasa mi corazón.

Anda, atrévete, muchacha,
juntos demos unos pasos,
si después cambian los lazos,
disfrutémoslos con ansias.

Ansias que serán de amor
y esa flor cosecharemos
cuando juntos caminemos
por la acera de pasión...

Añoranza

Nobleza encontré en sus ojos
al verle por vez primera:
bañábase en la rivera,
moza de los labios rojos.

Entre las turquesas aguas
vi su cuerpo sumergido,
bajo la luna hechizada,
nadaba usted en el río.

Miré su cuerpo divino:
contuve el febril deseo...
no pudo evitar mi cuerpo
emitir algún suspiro.

Ahora sé que es esperanza
lo que usted ha cultivado,
misma que perdiera antaño,
mas revive hoy mi añoranza...

Añoranza de encontrar
una mujer tan hermosa
a quien habré de adorar
y pedirle sea mi esposa.

La carta

Llegó una mañana un mirlo,
llamó ante mi ventanal:
trajo una carta en el pico
con un escrito fatal.

Explicabas temblorosa
en el texto este final
a nuestra unión amorosa;
a nuestras ansias de amar.

Por eso no dolió más
lo que lacerara antaño
ni me fue insufrible ya
lo que hiciera tanto daño.

Tu actitud indiferente
me mantuvo confundido:
hablaríamos frente a frente
pues no estaba convencido.

Tus palabras me mentían;
descifré así tus sentidos,
sentidos tan transparentes
se revelaban dolidos,
dolidos por tanto amar
y por no poder decirlo...

Otros tiempos llegan

Tú bien sabes que te quise,
que te amé con el alma,
mas tú lo decidiste:
apagaste esta llama
y aquellas madrugadas
de bella luna blanca,
aparecía tu rostro,
mi eterna bienamada
y cuando solo estaba,
al cierzo de la noche
mi amor se congelaba;
mi amor no fue derroche...
Tú sabes que te quise,
sé bien que ya te has ido;
tú sabes que no puedo
lograr total olvido
pues todo lo recuerdo,
pues todo lo revivo
y cuando estoy contigo,
mi amiga de mil siglos,
extraño nuestra infancia,
añoro lo vivido.
Mas otros tiempos llegan
y ya no quiero verte,
no quiero retenerte
en mi alma o en mi mente:
las avecillas vuelan,
se llevan ya mi amor
y dejan por fin libre
mi triste corazón.

Retoños del alma

En mi corazón ya crecen
rosas que, multicolores,
vaporizan sus olores
y sus retoños ofrecen.

Sus botones enternecen,
borran aciagos dolores,
llenan mi ser con sus flores,
junto a mi alma reverdecen.

Mi alma que antaño sufrió
del amor y otras desgracias
se compensa con fragancias
que tu canto propició.

Tus caricias se desprenden,:
tranquilizan mi nostalgia;
con tu sabia nigromancia
mis ilusiones enciendes...

Y al encenderlas, querida,
de tranquilidad me llenas,
la sangre que hay en mis venas
se abulta y sana la herida.

Así adorarte podré,
plenamente, para siempre...
Me enfocaré en el presente
y, de amor, te embriagaré...

Si dijeras que sí...

Si dijeras que sí,
podría gozar del alba
con un ánimo nuevo
que trastocara el alma.

Si dijeras que sí,
utilizaría el agua
que corrió por mis mejillas
para anegar mi esperanza...

Si dijeras que sí,
sacaría entre la maleza
de mi pena y mi tristeza
una fresca rosa blanca...

Si dijeras que sí,
daría flores el cerezo:
en tu ser me escondería
para darte un dulce beso...

Si dijeras que sí,
siempre te agradecería
y toda mi felicidad,
tuya igualmente sería...

Si dijeras que sí...

Flores oníricas

Azucena encarnada

En el bosque enmarañado
se ha perdido una doncella;
era encantadora y buena,
de ella estaba enamorado...

La halló una mala hechicera,
quien por la envidia transida,
la volvió su prisionera
en putrefacta guarida.

Con tristeza y grave pena
la muchacha fue encantada:
convirtiose en azucena,
en azucena encarnada.

Desconocía su partida
hasta que me lo dijeron:
en el bosque dio su vida,
después mis sueños murieron...

La buscaba día con día;
estaba en mi ser presente:
con una lágrima mía,
la flor se abrió nuevamente...

Guiado por su fresco aroma,
encontré a mi enamorada:
descubrí que no había muerto;
sólo había sido hechizada...

Me interné entre la floresta
para ver a la hechicera
quien antes que anocheciera
debía morir en la hoguera.

Así, al romper el encanto,
mi amada regresaría,
llenaríame con su canto:
ya azucena no sería.

Tomé la espada y el arco
para acabar con el mal;
el cielo pintaba zarco,
acercábase el final.

La vieja mujer dormía
cuando la encontré en su hogar:
de su muerte fue el lugar
el jardín donde vivía.

Entre polvos y cenizas,
llegué adonde la azucena,
la hallé en el suelo hecha trizas:
había muerto mi doncella...

Flor de loto

En lo profundo del Nilo,
surge del agua turquesa
una flor blanca cual lino
que hace nula mi flaqueza.

Me reanima su perfume,
renueva a mi alma dolida;
aunque de noche se esfume,
siempre vuelve al otro día...

Se cierra la flor de loto
al caer la madrugada;
me deja solo mi amada,
con el espíritu roto.

Sus grandes hojas flotantes
brotan en la superficie,
espero, amor, beneficie
a éste, su febril amante.

Le dictaré una sentencia:
será mía para siempre,
lo será también su esencia
hasta que me halle la muerte.

Jazmín

Entre la verde espesura,
se asoma una flor pequeña;
es una niña risueña
que asombra por su blancura.

Son sus pétalos escasos
mas no es poca su hermosura
y es más grata su frescura
cuando surge del ocaso.

Con el viento es bailarina,
hermosa, llena de ternura;
es diminuta, divina
y de mi jardín, criatura.

Olor fuerte se desprende
en la madrugada oscura;
una expedición se emprende:
la buscan en la negrura.

"Engatusan sus fragancias"
eso de ella se asegura;
"Borra las ansias de amar
del hombre que la procura..."

Nenúfares en la fuente

Entre la vida y la muerte,
se ha de tener buena estrella
para atravesar el puente
entre el dolor y el amor,
porque al quererte a mi lado
necesito regresar
hasta antes de conocernos
para poder evitar
este mal de ya no verte...

Nenúfares en la fuente
encontré en aquel lugar
donde ansioso te esperaba
las tardes de ayer inerte.

Aquí estoy y tu reflejo
me reveló este secreto:
a ti siempre volveré
aunque sea por un momento...

Recuerdo de violeta

Aún conservo la violeta
escondida en mi cuaderno,
medio plana, medio yerta,
pero viva en el recuerdo.

Aún conservo su fragancia
destilada en el papel,
tonos sepias del ayer
que me inundan de nostalgia.

Conservo tus viejas cartas
medio vistas,
   medio hojeadas.

Conservo tu dulce aroma
entre fotos,
   entre rosas.

Tengo una violeta rota,
   seca de hojas,
     olvidada,
aplastada en aquel diario,
   de tu vida,
     del pasado.

Tengo aquello que dejamos
   que nos dimos
     entre abrazos.

Tengo ganas de tenerte
   entre lirios,
     entre acianos.

Pero más ganas tengo
de que me ames,
sin remilgos,
         sin engaños.

Más ganas tengo,
de perderme entre tus labios,
y que me bebas despacio
         beso a beso,
                  paso a paso.

Añil

Te abres en azul, ¡rosa!
de añil tus pétalos son;
la flor eres de mi alma,
guárdote en el corazón.

Encapsulada en la tinta
índigo de la ilusión,
cianóticas tus espinas
desangran mi inspiración.

Escribo versos turquesas,
color son del alma misma;
revelo así las tristezas
que se arraigan en mi vida.

Este intento de poema
tiene esencia cristalina:
adorarte es mi faena
aunque tema tu partida...

Tulipanes dorados

Acepta este humilde ramo
que mi pasión simboliza;
este amor desesperado
se alimenta en tu sonrisa.

Significan estas flores
mi deseo de estar contigo,
quiero arranquen sus olores
de tu espíritu un suspiro.

Si de tu aliento saliera
una muestra de cariño,
te diría, bella hechicera,
que por mí es correspondido.

Son los pétalos dorados
de las flores que te traje:
son únicos en los prados
como tu ser indomable.

¡Anda, pon los tulipanes
a refrescar en tu alma
donde se mezan con calma
en espera de que me ames!

En el jardín
de tus versos

En el jardín de tus versos

En el jardín de tus versos
reposan ya las palabras;
entre flores y cerezos
junté allí mis esperanzas.

Allí quisiera perderme
para siempre entre tus brazos;
contigo quiero esconderme
en el bosque de tus labios.

En el jardín de tus besos,
quiero perderme despacio;
al viento diré mis versos,
me deleitaré en tu espacio...

Ninfas hay entre la niebla
que murmuran nuestros nombres:
son las hijas de los Dioses
que habitan en esta tierra...

En el jardín de tus versos,
han caído añejas hojas,
se han marchitado las rosas:
caen sus pétalos ya secos...

En el jardín de tus versos,
se encuentran flores hermosas,
oníricas, asombrosas:
embriagante es su olor fresco...

En el jardín de tus versos,
las nubes celestes vagan,
mis intenciones indagan
y conocen mis secretos.

En el jardín de tus versos,
extasiado por la magia
e inundado de nostalgia
un poeta yace muerto...

En el jardín de tus versos,
te he abastecido de amores:
tú has quitado mis dolores
y me has llenado por dentro.

En el jardín de tus versos...
      En el jardín de tus versos...

Índice

Pétalos caídos, secas hojas

Cambio de estación

Flores oníricas

En el jardín de tus versos